Vergolden und Metallisieren

Verzieren, Gravieren, Patinieren

Markus Krüger

Vergolden und Metallisieren

Verzieren, Gravieren, Patinieren

ENGLISCH VERLAG

Mein Dank gilt besonders meiner Freundin Melanie und meinem „Bruder“ Speedy für ihre wichtigen Hinweise und ihre Unterstützung.

Die Deutsche Bibliothek – CIP-Einheitsaufnahme
Vergolden und Metallisieren: Verzieren, Gravieren, Patinieren / Markus Krüger. – Wiesbaden: Englisch, 1998
ISBN 3-8241-0784-8

ISBN 3-8241-0784-8

Fotos: Frank Schuppelius
Herstellung: Michael Feuerer
Printed in Spain

Inhaltsverzeichnis

Vorwort

Eine Bearbeitung verschiedener Werkstücke mit Echtgold oder Schlagmetall ist nicht nur eine Verschönerung, sondern gut ausgeführt stellt sie auch eine Wertsteigerung dar.
Die Polimentvergoldung, wie sie in diesem Buch ausführlich beschrieben und in Arbeitsschritten vorgeführt wird, ist spätestens seit dem frühchristlichen Zeitalter in dieser Form als angewandte Technik bekannt.
Allgemein wird das alte Ägypten als Ausgangspunkt der Glanzvergoldung angesehen, belegt ist die Zeit um 2500 vor Christus.
Seit dieser Zeit haben sich die Arbeitstechniken und Materialien kaum verändert, lediglich die aufwendigen Herstellungen einiger Materialien, wie zum Beispiel das Ansetzen des Poliments mit Naturprodukten (Ei als Bindemittel), fallen bei heutiger Anwendung zum größten Teil weg.
Mit vielen Tipps und Anregungen versucht dieses Buch dem interessierten Leser den ersten Umgang mit Blattgold verständlich zu machen. Einfache Vergolderarbeiten werden hierbei ebenso berücksichtigt wie die Echtvergoldung von Rahmen.
In Schritt-für-Schritt-Aufnahmen wird gezeigt, wie die unterschiedlichen Untergründe vorbereitet bzw. grundiert werden und wie das Gold oder auch unedle Metalle im Anschluss daran fachgerecht aufgetragen und bearbeitet werden kann.
Mit etwas Zeit und Geduld kann man so dekorative und edle Werkstücke leicht selbst herstellen.

Werkzeug und Material

Für das Arbeiten mit Echtgold und Schlagmetall benötigt man einige spezielle Werkzeuge, die in der Anschaffung nicht immer ganz günstig, aber dafür sehr langlebig sind.
Durch sorgfältige Pflege ist eine Vergolderausrüstung eine einmalige Anschaffung, die sich lohnt. Man unterscheidet zwischen Werkzeugen für die Polimentvergoldung mit Echtgold und Werkzeugen für die Ölvergoldung mit Schlagmetall.

Polimentvergoldung

Werkzeug für die Polimentvergoldung
Vergolderkissen:
Das Vergolderkissen ist ein mit Leder bespanntes und leicht gepolstertes Holzbrettchen, das zum fachgerechten Schneiden und Ablegen des Blattgoldes dient.

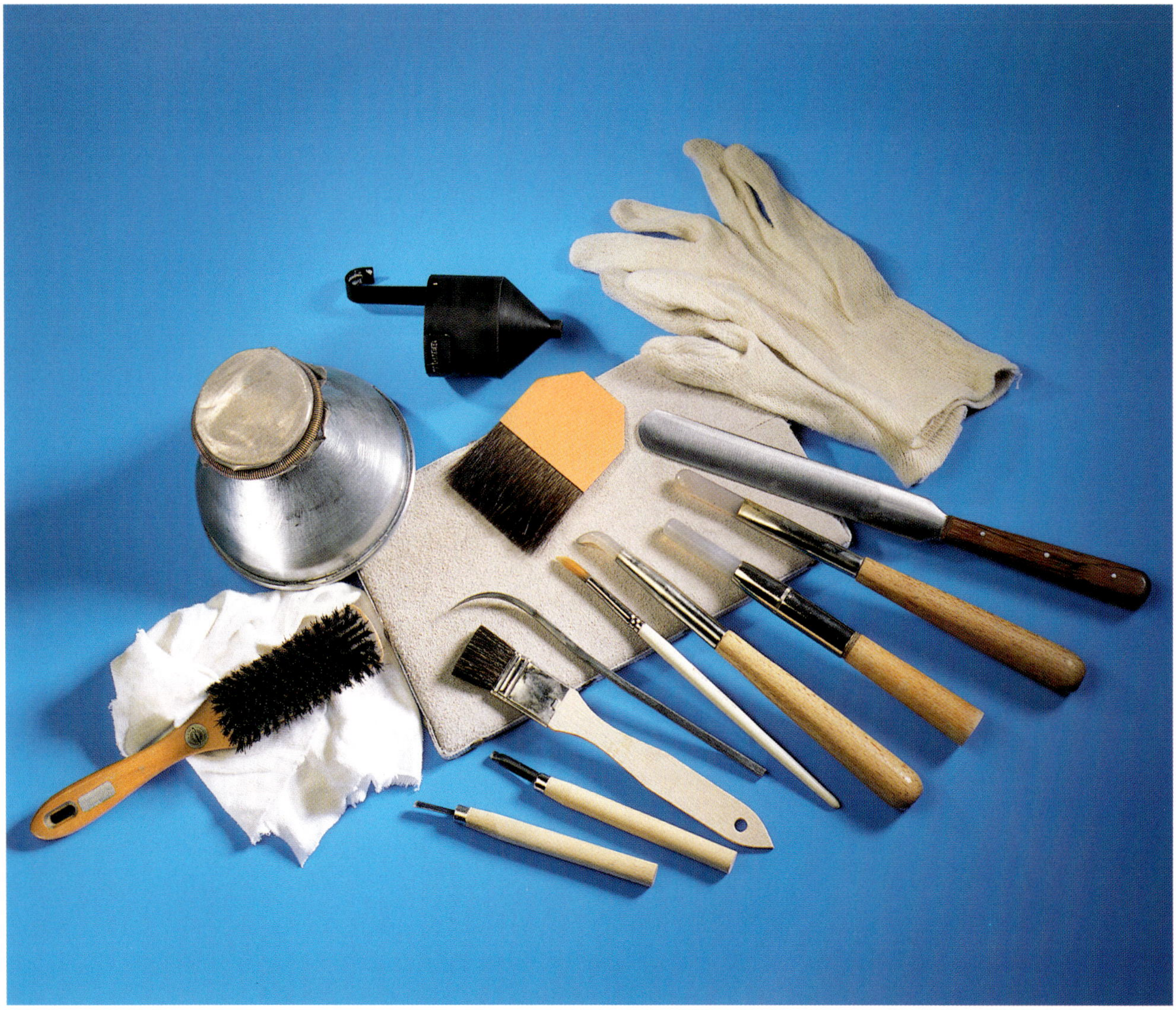

Vergoldermesser:
Das Vergoldermesser, das über eine doppelseitige Schneide verfügt, verwendet man zum Schneiden und Entnehmen des Blattgoldes.

Vergolderhandschuhe:
Die Handschuhe, die zum Vergolden getragen werden, sind aus Baumwolle. Sie helfen, Flecken auf der vergoldeten Oberfläche zu vermeiden.

Anschießer:
Der Anschießer ist ein sehr dünner Flachpinsel mit einem Besatz aus Dachshaar oder Kamelhaar, das zwischen zwei Papierkartonflächen geleimt ist.
Bei der heutigen Standardgröße des Blattgoldes von 9 x 9 cm benötigt man in der Regel einen Anschießer der Größe 3 1/2 bis 4 (8,5 beziehungsweise 9 cm).

Anschießpinsel:
Der Pinsel, der zum Benetzen der zu vergoldenen Oberfläche benutzt wird, ist ein Flach- oder Rundpinsel, je nach Profilierung. Ein kleiner Spitzpinsel wird zum Ausbessern benötigt.

Vergolderpolierstein:
Der Polierer ist ein Achat, der in einer Metallzwinge gefasst ist und mit einem Rundholzgriff sicheren Halt beim Polieren bietet. Neue Poliersteine müssen vor Gebrauch stets mit Nassschleifpapier abgezogen werden, damit man eine Hochglanzpolierung erhält.
Zu Beginn genügen zwei Polierer, ein Flachpolierer für glatte Flächen, und ein gekrümmter zum Polieren von Verzierungen.

Bürste:
Eine Hartborstenbürste wird zum Säubern der Anschießer verwendet, um das am Anfang möglicherweise zerrissene Blattgold vom Anschießer restlos zu entfernen.

Polimentsieb:
Zum Sieben des fertig angemischten Poliments benötigt man ein Polimentsieb.
Nur bei einer Kreidegrundierung (Spritzgrund) mit einer Spritzpistole ist die Anschaffung eines Kreidesiebes erforderlich.

Lappen/Ballen:
Zum dünnen Lackieren der vergoldeten Oberfläche benutzt man einen sog. Ballen. Dieser wird aus einem dünnen, nicht flusenden Baumwoll- oder Leinentuch, das man in kleine Stückchen reißt und mit Polierwatte füllt, hergestellt.

Schleifpapier:
Zum Schleifen des Kreidegrunds verwendet man am besten Schleifpapiere der Körnung 320 bis 360. Für den Endschliff kommen sehr feine Nassschleifpapiere in Frage.

Stahlwolle:
Zum Abziehen der fertig polimentierten Oberfläche wird Stahlwolle der Stärke „000" (sehr fein) benutzt.

Polierwatte:
Als günstigere Variante zu Baumwollfäden dient einfache Polierwatte zur Herstellung von Lackierballen.

Viskosebecher:
Ein Viskosebecher wird nur bei einer Spritzgrundierung benötigt. Er ermittelt die Fließgeschwindigkeit des Kreidegrundes.

Graviereisen und Stichel:
Mit einem Gravierer hebt man den Kreidegrund beim Gravieren hoch, anders als mit einem Gravierstichel, der von oben den Kreidegrund anritzt. Gravierer sind in verschiedenen Stärken erhältlich, je nach Breite und Feinheit der Gravur.

Material für die Polimentvergoldung

Poliment:

Bolus ist die Grundsubstanz, aus der das Poliment hergestellt wird. Der Name kommt aus dem Griechischen und weist zugleich auf die Herkunft des Produkts hin (griech. bolos = Erdklumpen).
Der natürlich vorkommende Bolus ist eine Farberde, die hauptsächlich aus Ton und Beimengungen von Quarz und Eisenoxiden besteht. Der heute fabrikmäßig hergestellte Bolus kommt als angeteigte Paste verschiedenfarbig in den Handel, zum Beispiel in Rot, Weiß, Blau usw.

Speisegelatine:

Die Speisegelatine wird als Bindemittel zur Herstellung des Poliments in Pulverform angeboten.

Destilliertes Wasser:

Chemisch gereinigtes Wasser hat beim Anmischen des fertigen Poliments den Vorteil, gut gekühlt länger haltbar zu sein.

Kreide:

Zum Anmischen des Kreidegrunds benutzt man einfache Jurakreide. Diese ist auch in kleineren Mengen im Fachhandel erhältlich.

Hasenleim:

Als Bindemittel zur Herstellung von Kreidegrund kann man entweder Hasenleim oder Hautleim benutzen.
Beide Sorten werden in Graupenform im Fachhandel angeboten.

Designerrahmen Echtgold/Leder (Dali)
Die Innenkante wurde mit Echtgold (Orangegold) angeschossen, der Außenteil mit Kunstleder bezogen.

Schmuckdose (Holz)
Der Holzuntergrund wurde geschliffen und grundiert, danach mit einer hellen Acrylfarbe bestrichen. Als weiterer Schritt wurde die Oberfläche mit Schellack versiegelt und mit Mixtion (Anlegeöl) angelegt. Das Anlegeöl wurde etwas satter aufgetragen, um eine matte Goldoberfläche zu erhalten. Metallverzierungen (Zinn) wurden vor dem Grundieren aufgeklebt.
Nach dem Metallisieren mit Echtgold (Orangegold) wurde die Oberfläche mit Schellack versiegelt und mit grüner Patina bestrichen. Als Finish wurde zum Schluss „Fliegendreck“ aufgespritzt.

Schellack:
Der Schellack ist ein tierisches Exkret asiatischer Schildläuse und nur in Alkoholen (Spiritus) löslich.
Schellackgranulat und Pulver sind die üblichen Handelsformen.

Patina:
Als Patinierung bezeichnet man im Allgemeinen das Imitieren von Alters- und Gebrauchsspuren. Bevor man die Patinierung nass aufträgt und mit einem weichen Lappen nachwischt, sollte man die vergoldete Oberfläche mit einer Lasur tönen, um den künstlichen Eindruck glaubhaft zu erzielen.

Blattgold:
Das Blattgold, das für eine Polimentvergoldung verarbeitet wird, hat eine Stärke von etwa 1/7 000 bis 1/10 000 Millimeter.
Diese Stärke wird durch einen indirekten Schlagprozess erzielt, indem man das Gold zwischen zwei Membranen legt.
Früher wurde dieser Prozess von einem sogenannten Goldschläger ausgeführt, heute jedoch wird zum größten Teil das Gold von automatisch betriebenen Hämmern bis hin zu computergesteuerten Schlagmaschinen gefertigt.
Das Blattgold hat einen Goldgehalt von 12 bis 24 Karat und wird in verschiedenen Goldsorten, wie zum Beispiel Orangegold (23 Karat), Gelbgold (21 Karat), Citrongold (18 bis 20 Karat) und Weißgold (12 Karat) angeboten.

Ölvergoldung

Werkzeug für die Ölvergoldung

Abmessbecher:
Ein handelsüblicher Abmessbecher dient zum genauen Ermitteln der benötigten Menge.
Dieser ist bei der Herstellung der Mixtion (Anlegeöl) von großer Bedeutung.

Holzbrettchen:
Das Holzbrettchen benutzt man zum Aufnehmen des Schlagmetalls und zum Reißen über der Kante.
Das Brettchen sollte vor Gebrauch stets staub- und fettfrei sein, da sonst das Schlagmetall haften bleibt.

Holzmesser:
Das sogenannte Holzmesser ist mit einem Filzstreifen bezogen, damit das Schlagmetall bei der Metallisierung nicht beschädigt wird.
Auch das Aufnehmen und teilweise leichte Festdrücken wird mit dem Holzmesser durchgeführt.

Handschuhe:
Wie bei der Echtvergoldung sollten auch bei der Ölvergoldung immer Handschuhe zum Schutz vor Flecken auf dem Schlagmetall getragen werden.

Weiches Tuch:
Ein weiches Tuch aus Baumwolle wird zum Glattreiben des Schlagmetalls benötigt.

Gießform:
Zur Herstellung von Verzierungen, zum Beispiel Sterne, verwendet man verschiedene Gießformen, die im Fachhandel erhältlich sind. Diese werden vor der Metallisierung aufgesetzt.

Schablone:
Schablonen verschiedener Ausführungen können zum Aufzeichnen von Verzierungen vor einer späteren Gravur verwendet werden.

Bleistift:
Zum Nachzeichnen der Schablone sollte man einen weichen Bleistift benutzen.

Pinsel:
Zum Einleimen der Gipsverzierungen genügt ein normaler Spitz- oder Flachpinsel.

Material für die Ölvergoldung
Schlagmetall:
Die Bezeichnung „Schlagmetall" ist allgemein der Überbegriff für sämtliche nicht gold- und silberhaltigen Blattmetalle.
Diese unedlen Metalle beziehungsweise Metalllegierungen vereinigen sich ungeachtet ihrer unterschiedlichen Farbigkeit. Der Ausdruck Schlagmetall steht heute für eine ganz bestimmte Art von Blattmetallen, nämlich solche mit goldgelber Färbung.
Diese werden auch als „unechtes Gold" bezeichnet und entstehen durch eine Legierung aus Kupfer und Zink, deshalb „Blattmessing" genannt.

Mixtion:
Als Mixtion wird das ölige Haftmittel bezeichnet, mit dem das Schlagmetall oder Blattgold bei der Ölvergoldung an den Untergrund gebunden wird.
Im Handel werden Drei- und Zwölf-Stunden-Anlegeöle angeboten. Durch den Glanzverlust

Designerrahmen „Frau, Mond, Stern" (Miro)
Bei dem vorliegenden Designerrahmen wurde ein Holzrahmen über Eck grundiert und geschliffen, danach mit schwarzer Acrylfarbe bestrichen und lackiert. Die später zu metallisierenden Ecken wurden anschließend mit schwarzen Acrylfarbstrichen abgetrennt und farbig dem Bild angepasst. Danach wurden verschiedene Elemente aus dem Bildmotiv entnommen und in die abgetrennten Ecken übertragen. Passende Acrylfarben dienten zur farbigen Gestaltung der Motivelemente. Nach einer angemessenen Trockenzeit wurde der komplette Bilderrahmen mit Schellack lackiert. Die abgetrennten Ecken wurden danach mit Mixtion eingestrichen und mit Schlagmessing (Schlagmetall) metallisiert. Nachdem das Metall mit einem weichen Tuch glattgerieben wurde, wurde mit grober Stahlwolle die metallisierte Oberfläche (besonders die entnommenen Bildelemente) stark durchgerieben. Zum Schluss wurde Schellack zum Versiegeln verwendet.

des Drei-Stunden-Anlegeöls ist das Zwölf-Stunden-Anlegeöl für ein gutes Metallisierergebnis besser geeignet.

Spezialbenzin:
Das Spezialbenzin wird zum Verdünnen beziehungsweise Anmischen der Mixtion benötigt. Beziehen kann man das Spezialbenzin ebenfalls im Fachhandel.

Acrylfarbe:
Als Untergrund einer Ölvergoldung können verschiedene Farben auf Acrylbasis benutzt werden, jedoch sollten diese vor dem Anlegen mit einer Schicht Schellack aufgetragen werden. Auch andere Endlacke können verwendet werden, dabei ist nur zu beachten, dass eine glatt gelackte Oberfläche entsteht.

Schellack:
Schellack ist ein tierisches Exkret asiatischer Schildläuse und nur in Alkohol (Spiritus) löslich. Bei der Verwendung von Acrylfarben, die mit Wasser verdünnbar sind, als Untergrundfarben, sollte vor dem Anlegen eine Schicht Schellack aufgetragen werden.
Nach dem Metallisieren dient Schellack als Schutzlack vor Beschädigungen und Umwelteinflüssen. Die üblichen Handelsformen sind Schellackgranulat und Pulver.

Leim:
Zum Befestigen der Gipsverzierungen, die später mitmetallisiert werden, kann einfacher Kaltleim benutzt werden.
Der zum Einstreichen verwendete Pinsel sollte sorgfältig mit Wasser gereinigt werden.

Renaissancerahmen
Eckverzierungen und Kanten wurden mit Schabin (kleinere Schlagaluminiumteile) metallisiert, als Finish wurde helle Patina aufgetragen.

Übersicht verschiedener Vergoldungsformen

Vergoldungsart	Werkstoff (Untergrund)	Haftmittel	Blattmetalle (Edel/Unedel)
Polimentvergoldung	grundiertes Holz	Poliment	Blattgold/Blattsilber
Ölvergoldung mit Blattgold	lackierter Untergrund, Kunststoff, Glas, Metall	Mixtion	Blattgold/Blattsilber
Ölvergoldung mit Schlagmetall	lackierter Untergrund, Kunststoff, Glas, Metall	Mixtion	Schlagmessing (Gold) Schlagaluminium (Silber)

Flaschenöffner „Delphin" (Metall)
Oberfläche wurde mit Echtgold (Weißgold) angelegt (Mixtion) und mit Schellack versiegelt.

Grundierung

Möchte man ein akzeptables Vergoldungsergebnis erzielen, sollte als erstes eine gut grundierte Oberfläche angefertigt werden.
Dies muss sehr sorgfältig ausgeführt werden.

Spachteln und Grobschliff

Bei einem Rohholzuntergrund spachtelt man zuerst größere Unebenheiten der Holzstruktur zu. Dazu nutzt man eine weiche Holzspachtelmasse, die sich mit einem kleinen Spachtel am besten auftragen und verteilen lässt.
Nach einer Trocknungszeit, die von der jeweiligen Spachtelmasse abhängt, kann man beginnen, die Holzoberfläche mit Schleifpapier zu glätten.
Sollten nach dem Schleifvorgang immer noch größere Risse oder Poren zu sehen sein, müssen diese nachgespachtelt werden.
Beim Schleifen ist zu beachten, dass man auch die Kante und den Rücken der Leiste einbezieht.

Tipp: Spachtelmasse nicht zu dick auftragen, sonst fallen größere Stücke beim Schleifen einfach ab und das Nachspachteln wird erforderlich.

Tipp: Sollte die Oberfläche nach dem Spachteln sehr uneben sein, verwendet man zuerst grobes Schleifpapier und erst im Anschluss daran feines, um die gespachtelte Fläche zu glätten.

Anmischen von Kreidegrund

Zum Anmischen des Kreidegrundes benutzt man am besten ein großes, sauberes Glas oder ein ähnliches Gefäß. Zuerst wird die Leimlösung angesetzt, sie besteht aus Wasser und Speisegelatine (Leim).
Die Speisegelatine wird langsam in die vorgeschriebene Wassermenge eingestreut, um Klumpenbildung zu vermeiden. Danach muss der Leim 2–3 Stunden quellen.
Erst wenn dieser Prozess abgeschlossen ist, kann man die Leimlösung auf ca. 60° C im Wasserbad erhitzen.
Die angegebene Menge von Kreide wird unter ständigem Rühren mit einem Holzstab oder mit einem Stabmixer zu einer klumpfreien, dickflüssigen Masse vermischt.
Um den Kreidegrund geschmeidiger und streichfähiger zu machen, gibt man zum Schluss etwas Spiritus und Glyzerin hinzu. Nachdem der Kreidegrund insgesamt auf 60° C erhitzt worden ist, sollte er im Anschluss durchgesiebt und warm verarbeitet werden.

Rezept:
Leim (Speisegelatine)
1 Teil Speisegelatine
2,5 Teile Wasser

Rezept:
Kreidegrund
12,5 Teile Kreide
2 Teile Wasser
+ aufgelösten Leim

Grundieren

Die Rohholzoberfläche (in unserem Arbeitsbeispiel verwenden wir eine Leiste) sollte, bevor man mit der Grundierung beginnt, fett- und staubfrei sein. Dann wird der Kreidegrund Schicht für Schicht mit einem weichen Flachpinsel aufgestrichen. Holz, als einzig saugender Untergrund, benötigt eine glatte Oberfläche zum Grundieren, damit die Farbe schließt.

Zwischen jeder Schicht sollte man den Grund mindestens 1–2 Stunden austrocknen lassen, ansonsten löst man die schon getrocknete Schicht wieder an.
Je nach Holzstruktur müssen 3–4 Schichten Kreidegrund aufgetragen werden. Sollte danach immer noch Holzstruktur zu sehen sein, müssen weitere Schichten aufgetragen werden. Stehen technische Möglichkeiten zur Verfügung, um den Kreidegrund aufzutragen, muss dieser mit etwas Wasser verdünnt werden. Die Fließgeschwindig-

keit wird mit einem Viskosebecher geprüft und sollte zwischen 12 und 13 Sekunden liegen.
Die Schichten des Spritzgrundes sollten dünn aufgetragen werden, um ein Verlaufen des Grundes zu vermeiden. Auf einer Rohholzoberfläche müssen daher mehrere Schichten aufgetragen werden, 6–8 sollten jedoch genügen.

Tipp: Die einzelnen Schichten der Grundierung nicht zu dick auftragen, damit verhindert man die Blasenbildung der Oberfläche.

Sollte man keine Möglichkeit haben, eine Grundierung selbst herzustellen, bieten holzverarbeitende Betriebe und Baumärkte bereits fertig grundierte Leisten an.

Tipp: Bei fertig grundierten Leisten sollte man trotzdem 2–3 Schichten Kaltgrund, fertig angemischt erhältlich, auf den zusammengesetzten Rahmen bringen, da sonst bei einer späteren Echtvergoldung keine Übereckgrundierung vorhanden ist.

Verwaschen

Nachdem die grundierte Oberfläche restlos ausgetrocknet ist, sollte man, falls der Grund kleinere Unebenheiten oder Poren aufweist, diese verwaschen. Mit Hilfe eines in warmen Wasser getauchten Naturschwammes wird die Oberfläche vorsichtig mit wenig Druck ein- bis zweimal gezogen.

Sinn des Verwaschens ist es, die grundierte Oberfläche leicht anzulösen, damit diese kleinere Poren schließt. Beim Verwaschen muss darauf geachtet werden, dass der Schwamm nicht zu feucht ist, um kleinere Wasseransammlungen auf der Oberfläche zu vermeiden.

Tipp: Zum Üben des Verwaschens bietet es sich an, erst den Rücken der Leiste zu bearbeiten, dann erst die grundierte Oberfläche.

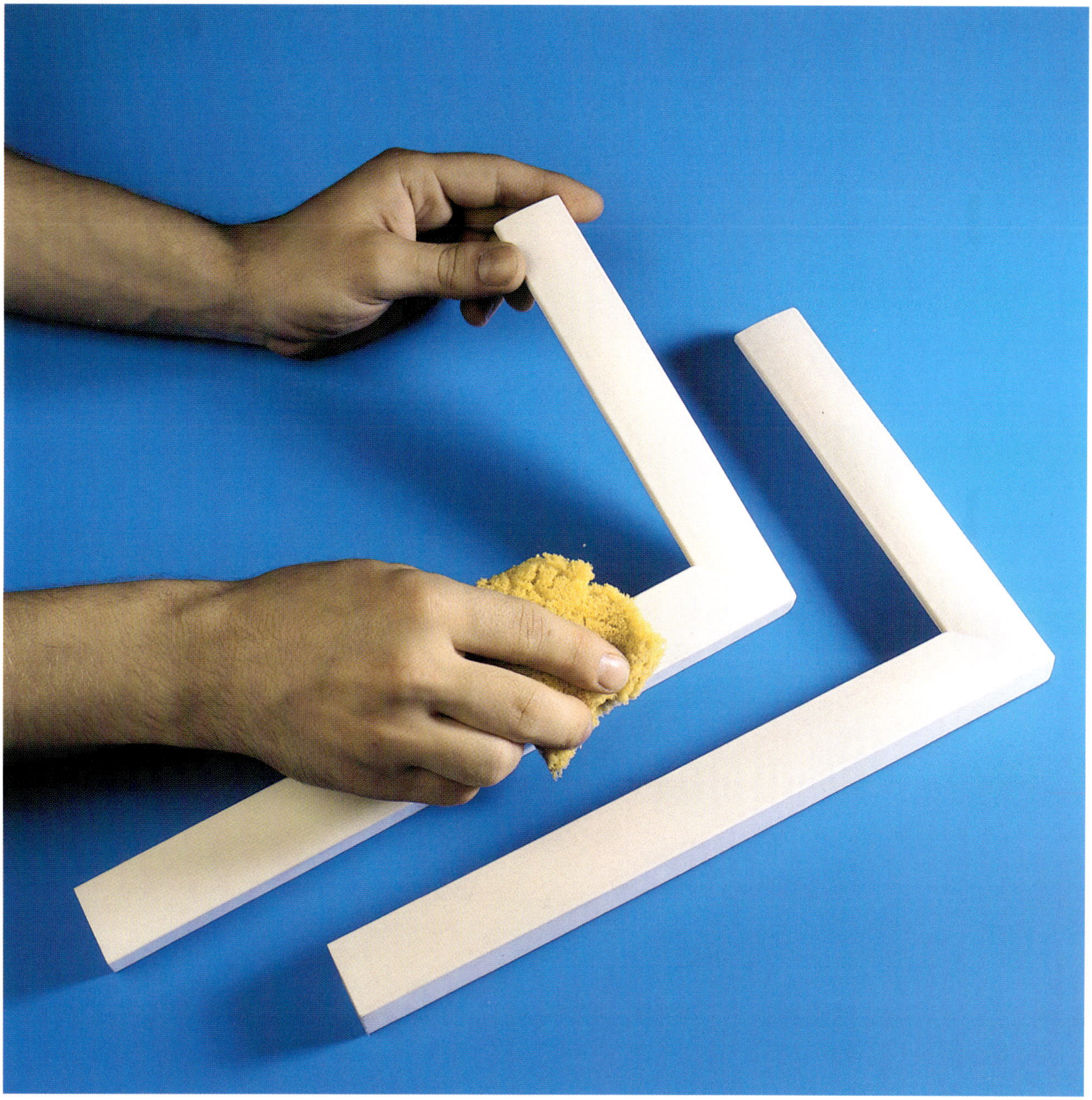

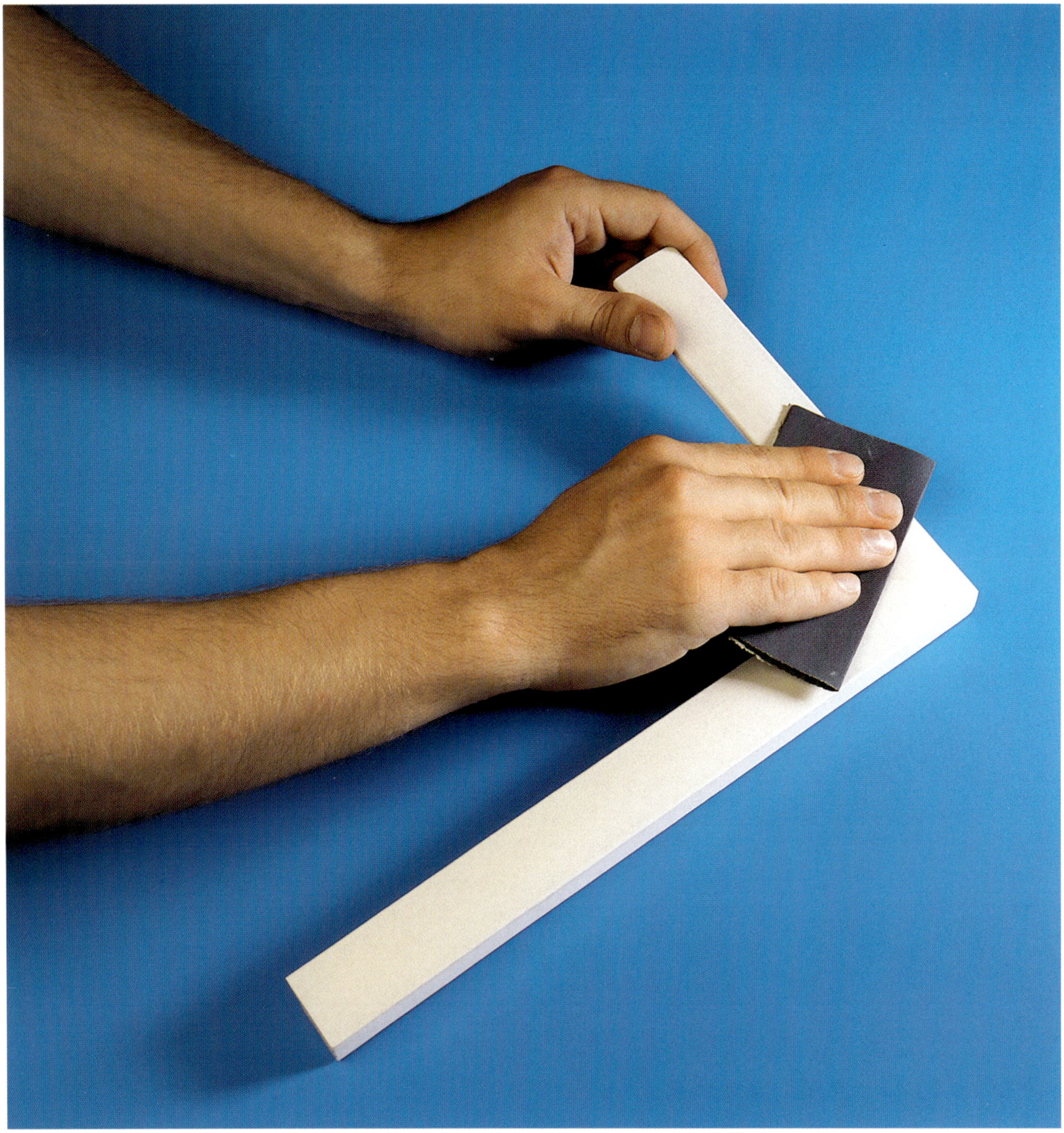

Feinschliff

Erst wenn die verwaschene, grundierte Oberfläche komplett ausgetrocknet ist, kann damit begonnen werden, der Grundierung den letzten „Schliff" zu geben.
Um auch die kleinsten Unebenheiten zu beseitigen, wird entweder mit feinem Nassschleifpapier oder mit feiner Stahlwolle, Stärke „000" (sehr fein), die Oberfläche poliert.

Tipp: Beim Feinschliff sollte darauf geachtet werden, immer mit gleichem Druck zu arbeiten, um Wellen in der grundierten Oberfläche zu vermeiden.

Polimentierung

Anmischen von Poliment

Das fertige Poliment setzt sich aus destilliertem Wasser, Leim (Speisegelatine) und Bolus (Farberde) zusammen. Zuerst wird wie beim Anmischen von Kreidegrund der Leim mit Wasser zum Quellen gebracht und danach im Wasserbad bei 60° C erhitzt. Dann mischt man zuerst das erste Poliment an, da für die Herstellung der Lösche (erste Polimentschicht) ein Teil des ersten Poliments gebraucht wird.

Das zweite Poliment, das zum Schluss angemischt wird, entscheidet über die Farbgebung unter dem später angeschossenen Gold.

Diese Farbe kann dem jeweiligen Bild oder dem Objekt, das vergoldet wird, angepasst werden.

Im Fachhandel sind die Farben Rot, Gelb, Blau, Schwarz und Weiß erhältlich, sie können jedoch untereinander zu jeder anderen Farbgebung gemischt werden.

Die fertig angemischten Polimente müssen vor dem Auftragen durch ein Polimentsieb gegeben werden, um kleinere Pigmente und Unebenheiten herauszusieben. Das fertige Poliment sollte stets im Wasserbad zum Auftragen warm gehalten werden.

Tipp: Das Poliment kann im Kühlschrank über mehrere Tage verwendungsfähig gehalten werden, dazu trägt auch das destillierte Wasser bei.

Lösche ziehen

Die Lösche ist die erste und dünnste Polimentschicht, die aufgetragen wird. Sie dient durch ihren hohen Anteil an Leim dem Schließen der Poren und dringt tief in den Kreidegrund ein. Die Lösche kann dünn mit einem Naturschwamm oder einem flachen Pinsel aufgetragen werden. Ein einmaliges Aufbringen der Lösche bei der Polimentierung ist ausreichend.

Der Auftrag von Lösche oder der später aufgetragenen Polimentschichten sollte niemals mit dem Schwamm oder Pinsel verwischt werden, da sich sonst das Poliment anlösen kann.

Rezept:
4 Teile destilliertes Wasser
4 Teile Leim (Speisegelatine)
4 Teile 1. Poliment

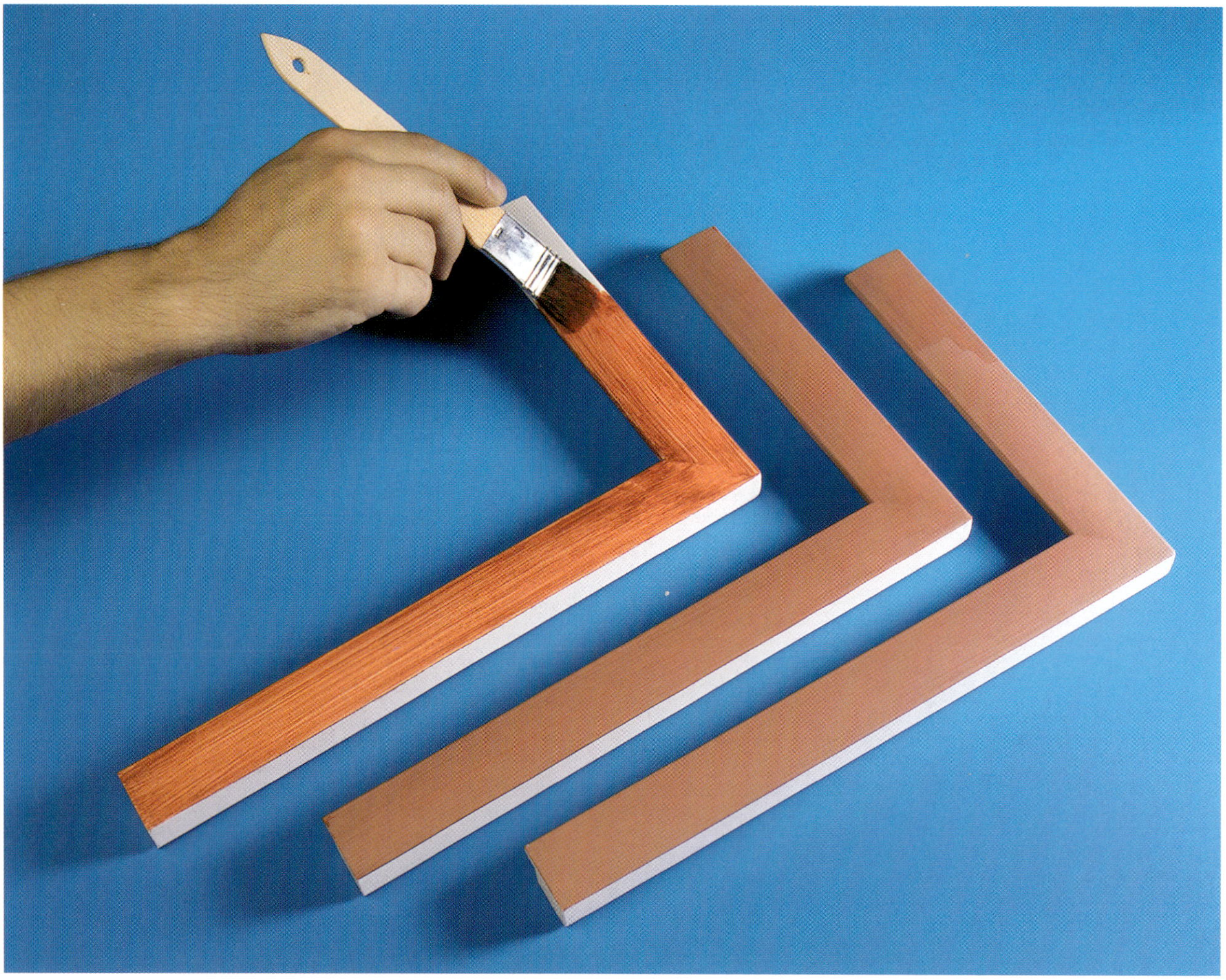

Erstes Poliment ziehen

Nachdem die Lösche ca. eine halbe Stunde durchgetrocknet ist (abhängig von Zimmertemperatur), kann das erste Poliment warm aufgetragen werden, bei der Verwendung eines Naturschwammes sollte diese Schicht zweimal gezogen werden. Benutzt man einen Flachpinsel, wird das erste Poliment nur einmal aufgestrichen, ansonsten wird die aufgetragene Schicht zu dick und kann beim späteren Polieren des Goldes abplatzen. Um eine gute Polimentierung zu erhalten, sollte die aufgetragene Schicht möglichst gleichmäßig gezogen oder gestrichen sein.

Rezept:
5 Teile destilliertes Wasser
6 Teile Leim (Speisegelatine)
9 Teile Poliment (Paste)

Zweites Poliment ziehen

Ist die Oberfläche des ersten Poliments vollkommen getrocknet, kann begonnen werden, das zweite Poliment aufzutragen.
Das zweite Poliment wird wie das erste Poliment warm aufgetragen. Auch diese Schicht wird mit dem Schwamm gezogen und zweimal aufgetra-

gen. Benutzt man einen Pinsel, reicht ein Auftrag. Da die Farbgebung der Lösche und des ersten Poliments nicht so wichtig ist, sollte der Auftrag der zweiten und somit der letzten Polimentschicht, falls andersfarbig, besonders deckend aufgetragen werden.
Bei der Polimentierung eines Bilderrahmens sollte man darauf achten, dass in den Ecken kein Poliment stehenbleibt und verlaufen kann.

Tipp: Wichtig beim Auftragen zwischen den einzelnen Polimentschichten ist die Einhaltung der Trockenzeit.

Rezept:
5,5 Teile destilliertes Wasser
5,5 Teile Leim
9 Teile Poliment (Paste)

Abziehen mit feiner Stahlwolle

Ist die zweite Polimentschicht gut durchgetrocknet, kann damit begonnen werden, die polimentierte Oberfläche zur Echtvergoldung vorbereitend abzuziehen. Dieses geschieht mit Hilfe von Stahlwolle der Stärke „000“.
Die Stahlwolle wird doppelt zusammengelegt und mit gleichmäßigem Druck über die fertig polimentierte Fläche gezogen, und zwar solange, bis die Fläche einen Seidenglanz aufweist.

Tipp: Beim Abziehen eines Bilderrahmens ist zu beachten, dass die Gährungsecken nicht vergessen werden.

Tipp: Einmal benutzte Stahlwolle ist durch mehrfaches Drehen öfter verwendbar.

Echtgoldrahmen
Oberfläche wurde mit Echtgold (Orangegold) angeschossen und zum Schluss mit weißer Patina versehen.

Verarbeitung von Echtgold

Für die Verarbeitung von Echtgold benötigt man vor allem Zeit und Geduld. Deshalb sollte man bei diesem Arbeitsgang nicht unruhig werden, falls es bei den ersten Versuchen nicht sofort klappen sollte.
Zu beachten ist, dass die auszuführenden Bewegungen nicht schnell und hektisch verlaufen, da das Echtgold, welches nur eine Stärke von 1/10 000 Millimeter aufweist, sonst schnell wegfliegen könnte, und es dann mit großer Mühe und unter Zuhilfenahme des Vergoldermessers wieder aufgenommen und geglättet werden muss.

Entnahme

Der Bewegungsablauf beim Anschießen lässt sich wie folgt beschreiben:
Ausgangspunkt nach dem Auflegen des Heftes (Echtgold) ist das Entnehmen des Echtgoldblattes. Wenn nach dem Umblättern das erste Goldblatt offenliegt, holt man das Vergoldermesser dazu und legt die Klinge etwa einen Zentimeter oberhalb des unteren Blattrandes quer auf. Das Blatt wird nun von schräg oben leicht angebla-

sen und der untere Teil des Echtgoldblattes legt sich über die Messerklinge. Nun hebt man das Goldblatt mit dem Messer etwas hoch und zieht es in die Mitte des Vergolderkissens. Jetzt wird durch Drehen des Vergoldermessers das Goldblatt komplett auf das Kissen gelegt.

Glätten

Um das Echtgoldblatt glatt auf dem Leder auszubreiten, wird es sanft angeblasen. Dabei ist darauf zu achten, dass der Atem möglichst senkrecht in der Mitte des Blattes auftrifft. Da auch bei diesem Vorgang der Luftzug die Goldblätter im Heftchen durcheinander wirbeln kann, hält man dieses während des Pustens mit der Messerklinge zu.

Schneiden

Hat sich das Blatt einigermaßen glatt an die Lederoberfläche des Vergolderkissens geschmiegt, wird es je nach Bedarf in entsprechende Stücke oder Streifen geschnitten. Dazu setzt man die Klinge in ihrer kompletten Länge über dem Blattgold auf und zieht sie mit einem Schnitt nach unten.

Aufnehmen

Tipp: Bevor man das geschnittene Goldblatt mit dem Anschießer aufnimmt, sollte man die Netze schon angemischt und die polimentierte Stelle, die vergoldet werden soll, mit Netze bestrichen haben.

Durch ein kurzes Überstreichen (Handrücken) werden die Haare des Anschießers elektrostatisch aufgeladen und können so das Gold vom Kissen aufnehmen. Sollte der Anschießer das Blattgold nicht so anziehen, muss der Vorgang einfach wiederholt werden.

Anmischen von Netze

Die Netze dient zur Haftung zwischen Poliment und Echtgold, und wird mit destilliertem Wasser und Spiritus hergestellt. Dem Gebrauch von normalem Leitungswasser ist abzuraten, da Kalkrückstände zurückbleiben könnten.
Die fertig angemischte Netze sollte in einem geschlossenen Glas aufbewahrt werden, da sonst mit der Zeit der Spiritus verdunstet und somit die Rezeptur nicht mehr gegeben ist.

Rezept:
1 Teil Spiritus
2,25 Teile destilliertes Wasser

Tipp: Netze nach dem Anmischen gut durchrühren und nur nach Bedarf entnehmen.

Anschießen

Beim Einnetzen der polimentierten Oberfläche darf immer nur soviel befeuchtet werden, wie mit dem geschnittenen Gold unmittelbar nach dem Netzen belegt werden kann.
Da die Netze beim Auflegen des Goldes noch nicht in den Untergrund eingezogen sein darf, wird sie satt aufgetragen. Nach dem Netzen wird der Pinsel in das Netzglas zurückgestellt und die rechte Hand übernimmt den Anschießer. Durch elektrostatisches Aufladen des Anschießers (über Handrücken streichen) wird das Gold vom Kissen aufgenommen.
Nun führt man den Anschießer über die vorher genetzte und immer noch glänzende Stelle und legt das Goldblatt mit einer leichten, aber ganz gezielten Bewegung schwimmend auf. Dabei wird die Oberfläche des Objektes nur ganz kurz berührt. Der Anschießer gibt das Gold, sobald es

mit dem benetzten Grund in Berührung kommt, sofort frei und wird fast gleichzeitig wieder zurückgezogen. Eine eigentliche Berührung wird ähnlich wie beim Auftupfen nahezu vermieden. Dieser Arbeitsvorgang wird Stück für Stück wiederholt, ohne bei neuerlichem Auftrag der Netze die Oberfläche des schon aufliegenden Blattes zu berühren.
Angeschossen wird von links nach rechts, die einzelnen Stücke sollten ca. 2 mm überlappen.

Tipp: Ist beim Anschießen der Anschießer nass geworden, sollte er auf die Heizung gelegt und getrocknet werden. Darum ist es ratsam, immer einen Ersatzanschießer parat zu haben.

Falls das Gold am nass gewordenen Anschießer kleben sollte, säubert man diesen mit Hilfe der Hartborstenbürste.
Bemerkt man beim Schneiden des Echtgoldes, dass dieses an den Kanten einreißt, muss das Vergoldermesser etwas nachgeschliffen werden.
Um Netzflecken in der später zu polierenden Goldoberfläche zu vermeiden, sollte man nicht zu nass anschießen, zu trocken darf aber auch nicht vergoldet werden, da das Gold sonst keine Haftung zum polimentierten Untergrund hat. Am besten ist die „Goldene Mitte“.
Kleinere Fehlstellen und Risse in den angeschossenen Goldblättern können mit klein geschnittenen Goldresten ausgebessert werden.

Echtvergoldung „Hahn-Gravur"
Auf einer grundierten Spanplatte wurde das Motiv eines Hahnes graviert, danach mit Echtgold (Weiß- und Orangegold) angeschossen. Abschließend wurde dunkle Patina aufgetragen.

Polieren und Lackieren von Echtgold

Echtgold polieren

Bevor mit dem Polieren der vergoldeten Oberfläche begonnen werden kann, muss das Werkstück solange trocknen, bis die Netze verdunstet ist.
Der richtige Zeitpunkt, um das Werkstück zu polieren, hängt von der jeweiligen Luftfeuchtigkeit des Raumes ab.
Bei normaler Luftfeuchtigkeit dauert der Trocknungsprozess etwa einen Tag. Um ganz sicher zu gehen, sollte man nach ein paar Stunden an einer nicht direkt sichtbaren Stelle eine Probepolierung ausprobieren.
Kommt es dann zu Schlierenbildung oder erscheint die Goldoberfläche noch matt, muss das Werkstück weitere Zeit trocknen.
Ist das Probepolieren zur Zufriedenheit ausgefallen, werden die Goldblätter in der Reihenfolge des Anschießens poliert.
Der Polierer wird stets mit der rechten Hand geführt, das Werkstück mit der linken Hand festgehalten.
Glatte Flächen poliert man mit einem Flachachat, profilierte und verzierte Objekte mit einem gebogenen Achat.
Beim Polieren ist zu beachten, dass man immer mit gleichbleibendem Druck arbeitet, damit ein gleichmäßiger Glanz entsteht.
Ist der Druck zu stark, entstehen Polierspuren, die in der Gesamtoberfläche störend wirken, mit zuwenig Druck wird die Oberfläche allerdings nicht auspoliert.

Tipp: Zum Polieren von Echtmetallen eignen sich nur abgezogene Poliersteine. Neu Poliersteine müssen vor Gebrauch stets mit Nassschleifpapier abgezogen werden.

Echtgold durchreiben und lackieren

Durchreiben
Ist die Polierung der Echtgoldoberfläche fertiggestellt, muss überlegt werden, welches Aussehen diese haben soll.
Üblicherweise wird die Goldoberfläche mittels Terpentinöl, das eine Messerspitze Bimsmehl enthält, durchgerieben.
Hierfür wird ein weicher, dünner Lappen in etwas Terpentinöl getränkt, welches vorher gut durchgerührt worden ist.
Danach wird jedes einzelne Echtgoldblatt mit dem Lappen leicht übergestrichen, solange bis der gewünschte Grad des Durchreibens erreicht worden ist.
Je länger man mit Terpentinöl über die Oberfläche reibt, desto stärker, also antiker, wird das Gold durchgerieben und der Untergrund kommt zum Vorschein.
Ein leichtes Durchreiben bringt vor allem die Anschüsse (Überlappung der einzelnen Echtgoldblätter) zur Geltung.

Lackieren

Nach dem Durchreiben wird der Schleier, verursacht durch das Bimsmehl, mit Hilfe eines Ballens Polierwatte entfernt. Durch ein- bis zweimaliges leichtes Abziehen mit der Polierwatte kommt der gewünschte Glanz des Echtgoldes wieder zum Vorschein.
Längeres Trocknen nach dem Durchreiben ist daher zu vermeiden. Zum Schluss wird die Echtgoldoberfläche mit Schellack versiegelt.
Mit Hilfe eines in Schellack getauchten Ballens wird die Oberfläche dünn lackiert.
Bei mehrmaligem Ziehen, falls die Oberfläche beim ersten Mal nicht richtig getroffen worden ist, ist eine Trocknungszeit von ein bis zwei Stunden unbedingt einzuhalten.
Andernfalls besteht die Gefahr, die erste Schellackschicht wieder anzulösen und damit eine unebene Oberfläche zu erhalten.

Tipp: Der Handschuh der linken Hand, die das Werkstück festhält, sollte nicht vergessen werden, um das Werkstück vor Flecken zu schützen. Durch leichtes Heben oder Drehen des Werkstückes beim Polieren hat man eine Übersicht der schon polierten Oberfläche.

Das Durchreiben sollten Sie mit nur leichtem Druck durchführen, ansonsten kommt der Untergrund zu stark zum Vorschein und ein Angleichen der anderen Echtgoldblätter ist nur schwer möglich.

Wird der Schellack (fertig verdünnt) mittels eines flachen Pinsels aufgetragen, sollte darauf geachtet werden, die Echtgoldoberfläche nicht zu dick einzustreichen, da der Schellack sonst verlaufen könnte und „Tränen“ entstehen.

Tipp: Bei glatt vergoldeter Oberfläche sollte das Lackieren am besten mit einem Ballen, leicht getränkt in Schellack, durchgeführt werden.
Bei Anwendung dieser Technik können kaum „Tränen“ entstehen.

Echtgoldmuster

Durchgeriebene Echtgoldmuster (von links nach rechts)

Muster	*Goldart*	*schwach/stark durchgerieben*
1.	Orangegold	schwach
2.	Orangegold	stark (Antik)
3.	Weißgold	schwach
4.	Weißgold	stark (Antik)

Echtgoldrahmen
Auf geschlagenen Kreidegrund wurde die Oberfläche komplett mit Echtgold (Orangegold) angeschossen, zum Schluss mit heller Patina versehen.

Ölvergoldung mit Schlagmetall oder Echtgold

Grundieren

Arbeitsbeispiel Holzfigur
Das Grundieren einer Holzfigur wird prinzipiell genau so durchgeführt wie bei einer Bilderleiste. Als erstes wird die Rohholzfigur mit grobem und im Anschluss daran mit feinem Schleifpapier bearbeitet. Dieses muss sehr sorgfältig ausgeführt werden, um eine glatte Oberfläche zu erhalten. Danach kann damit begonnen werden, warmen Kreidegrund mit einem weichen Pinsel dünn aufzutragen.
Um eine deckende Grundierung zu erhalten, sind ca. 3–5 Schichten aufzutragen, je nach Saugfähigkeit des Holzes. Zwischen den einzelnen Schichten sollte die Holzfigur gut durchtrocknen.
Vor dem Aufstreichen der Acrylfarbe sollte die fertig grundierte Oberfläche mit feiner Stahlwolle abgezogen werden.

Miro „Skiunterricht“
Ecken graviert und mit Schlagaluminium metallisiert (stark durchgerieben), siehe Anleitung Seite 60.

Auftragen des roten Untergrundes

Üblicherweise wird bei einer Glanzvergoldung die Farbe Rot gewählt, sie bringt das Schlagmessing oder Echtgold am besten zur Geltung.
Der Farbauftrag ist mit einem weichen Flachpinsel, der mit etwas verdünnter Acrylfarbe benetzt ist, am einfachsten durchzuführen.
In den meisten Fällen reicht ein deckender Anstrich vollkommen aus.
Ist die Acrylfarbe abgetrocknet, folgt als nächster Arbeitsschritt das Lackieren.

Lackieren des Untergrundes

Bei der Lackierung der Holzfigur, die mit einem Pinsel ausgeführt wird, sollte darauf geachtet werden, die Schicht nicht zu dick aufzutragen, da sonst die Gefahr besteht, dass der Lack verläuft.
Fertig verdünnter Schellack, der im Fachhandel angeboten wird, eignet sich am besten. Zum Durchtrocknen des Schellacks muss mit einer Trocknungszeit von 1 ½ bis 2 Stunden gerechnet werden.

Tipp: Damit beim späteren Anlegen das Öl nicht in den Untergrund einziehen kann, sollte die fertig lackierte Holzfigur eine möglichst glänzende Oberfläche haben.

Anmischen von Anlegeöl (Mixtion)

Für eine Glanzvergoldung benutzt man am besten das französische 12-Stunden-Anlegeöl, das mit Spezialbenzin verdünnt wird.
Zum Ausbessern von Fehlstellen oder bei einer Schnellvergoldung bietet sich das französische 3-Stunden-Anlegeöl an.
Bei Anmischen beider Mixtionen ist es wichtig, die Mengenangaben einzuhalten.

12-Stunden-Mixtion
1 Teil 12-Stunden-Anlegeöl
2,5 Teile Spezialbenzin

3-Stunden-Mixtion
1 Teil 3-Stunden-Anlegeöl
9 Teile Spezialbenzin

Tipp: Werden nur kleine Flächen oder Objekte metallisiert, ist es ratsam, fertig angemischte Mixtionen zu verwenden. Sie sind im Fachhandel erhältlich.

Anlegen

Vor dem Anlegen sollte der lackierte Untergrund der Figur staubfrei sein. Die fertig angemischte 12-Stunden-Mixtion wird vor Gebrauch kurz durchgeführt.
Bei profilierten Oberflächen eignet sich ein Pinsel am besten, flächige Werkstücke werden mit einem Ballen angelegt.
Das Einstreichen der Figur wird dünn mit einem Pinsel durchgeführt.
Ist der Auftrag des Anlegeöls zu dick, erhält man bei einer späteren Vergoldung eine matte und stumpfe Oberfläche.
Die angelegte Figur kann nach einer Abtrocknungszeit von ca. 18 Stunden vergoldet werden.

Tipp: Bei der Verwendung von Echtgold wird die Figur sehr dünn angelegt, damit die später vergoldete Oberfläche nicht an Glanz verliert.

„Dolls" von Brühler
Eckverzierungen wurden aus dem Bild entnommen und mit Flaschen (Umrisse) hochstehend aufgetragen. Metallisiert und stark durchgerieben, siehe hierzu Anleitung Seite 60.

Metallisieren

Die Metallisierung der angelegten Figur kann wahlweise mit Schlagmetall oder Echtgold ausgeführt werden. Bei einer Vergoldung mit Schlagmetall benötigt man ein dafür vorgesehenes Brettchen und Messer.
Durch leichtes Anpusten wird das Metall über das Messer gelegt und auf das Brettchen gezogen.
Im nächsten Schritt wird das Metall mit einem weichen Tuch vom Brettchen auf die Figur gelegt und leicht angedrückt.
Ist die Figur komplett bedeckt, wird ein Metallblatt in das Tuch gelegt und auf die Putte gelegt, damit schließt man kleinere Risse und Fehlstellen.
Um das Blattmetall zu glätten, reibt man mit dem Tuch und streicht etwas über die vergoldete Oberfläche.
Zum Schutz des Metalls sollte man beim Festhalten der Figur einen Handschuh tragen.

Tipp: Ist man daran interessiert, der Figur ein antikes Aussehen zu verleihen, ist ein Ausbessern kleinerer Fehlstellen nicht notwendig.

Durchreiben

Zum Durchreiben der vergoldeten Oberfläche verwendet man feine Stahlwolle.
Durch leichtes Reiben wird die Untergrundfarbe zum Vorschein gebracht und man verleiht der Figur so ein antikes Aussehen.
Der Grad des Durchreibens wird durch schwaches oder starkes Aufdrücken der Stahlwolle selbst bestimmt.
Nachdem die Oberfläche den gewünschten Effekt erreicht hat, wird sie mit Schellack versiegelt.

Hinweis: Wird die Figur mit Echtgold belegt, benötigt man einen Anschießer zum Entnehmen der einzelnen Blätter.
Durch kurzes Überstreichen mit dem Handrücken wird der Anschießer elektrostatisch aufgeladen und kann so das Echtgoldblatt annehmen.
Ist die Figur komplett mit Echtgoldblättern belegt, wird sie genauso weiterbearbeitet wie bei der Metallisierung.

Tipp: Wird Echtgold aufgelegt, sollte nach dem leichten Andrücken der ersten Schicht eine zweite Schicht aufgelegt werden, um gerissene Goldblätter abzudecken.

Ist die Figur mit Echtgold belegt, wird das Durchreiben nur leicht ausgeführt, damit die Oberfläche nicht zuviel an Glanz verliert.

Barockrahmen
Eck- und Mittelverzierungen wurden mit Schlagaluminium metallisiert, als Finish wurde helle Patina aufgetragen.

Lackieren des Metalls

Um einer späteren Verfärbung (Oxidierung) des Metalls entgegenzuwirken, wird die fertig durchgeriebene Figur mit Schellack versiegelt.
Der Auftrag des Schellacks wird mit einem weichen Pinsel ausgeführt, um ein Verlaufen zu verhindern. Ist die Oberfläche der geschellackten Figur gut durchgetrocknet, kann mit dem Auftrag der Patina begonnen werden.

Tipp: Den in Schellack eingetauchten Pinsel vor dem Lackieren der Figur kurz abstreifen, damit verhindert man einen zu dicken Auftrag.

Patinieren

Um Alters- und Gebrauchsspuren zu imitieren, wird die fertig lackierte Holzfigur zum Schluss mit Patina versehen.
Die flüssige Patina (fertig angemischt im Fachhandel erhältlich) wird deckend mit einem Pinsel auf die gesamte Oberfläche der Figur gestrichen (s. Abb. Seite 44 unten).
Um Vertiefungen mit Patina zu versehen, ist der Gebrauch eines nicht zu dicken Pinsels zu empfehlen.
Ist nach einer Zeit von ca. 1–3 Stunden (kann je nach Patina verschieden sein) die Patina getrocknet, können die hochstehenden Flächen der metallisierten Figur mit Hilfe von feiner Stahlwolle, Stärke „000", freigelegt werden. Die Patina bleibt so nur in der Vertiefung stehen und kann später durch Abgreifen nicht verschwinden. Das Metall kann danach mit einem weichen Tuch noch etwas aufpoliert werden.

Tipp: Die Trocknungszeit der Patina sollte sehr genau eingehalten werden, damit zu entfernende Schichten leicht abgerieben werden können.

Schachfiguren (Holz)
Schachfiguren wurden mit Schlagmessing metallisiert und mit hellem Staub versehen.

Kerzenständer (Metall)
Moderner Kerzenständer wurde mit Schlagaluminium metallisiert und lackiert.

„Kraniche" von Brühler, Siehe Anleitung S. 60.
Eckverzierungen wurden aus dem Bild entnommen, anschließend wurde mit Schlagmessing metallisiert.

Gravieren

Aufzeichnen der Verzierung

Arbeitsbeispiel Bilderrahmen

Das Gravieren von Verzierungen wird üblicherweise auf grundierten Bilderrahmen ausgeführt. Die Vorgehensweise ist auf anderen grundierten Objekten mit entsprechendem Grund jedoch identisch. Mit Hilfe von selbst geschnittenen oder gekauften Schablonen wird das gewünschte Motiv mit einem weichen Bleistift nachgezeichnet. Ist das komplette Motiv aufgetragen, wird durch Auflegen eines feuchten Lappens die Grundierung etwas aufgeweicht.

Gravieren der Verzierung

Jetzt kann vorsichtig damit begonnen werden, den Grund mit einem Graviereisen anzuheben. Dabei sollte darauf geachtet werden, nicht zu tief in den Untergrund zu gravieren, damit die Gravur möglichst gleichmäßig ausfällt.
Das Graviereisen wird dabei sehr flach gehalten und mit dem Daumen der linken Hand gestützt, damit es nicht abrutschen kann. Ist das Motiv komplett ausgehoben, wird, nachdem der Grund ganz durchgetrocknet ist, die etwas angeraute Oberfläche mit feinem Schleifpapier wieder geglättet.

Tipp: Beim Gravieren sollten Sie sehr behutsam vorgehen, damit nicht über das vorgesehene Motiv in den Grund graviert wird.
Mit einem Gravierstichel können feinere Linien in den Grund geritzt werden, falls das Motiv sehr exakt ausfallen soll.

Designerrahmen „Blumenstrauß" (Monet)
Eckverzierungen wurden graviert und mit Schlagmessing metallisiert, als Finish wurde helle Patina und „Fliegendreck" aufgetragen.

Verzieren

Gipsformen und Verzierung

Um Bilderrahmen in einer oder mehreren Ecken zu verzieren, benutzt man am einfachsten verschiedene Gipsformen, die im Fachhandel preisgünstig angeboten werden.

Material
- ✦ grundierter Bilderrahmen, flaches Profil
- ✦ Gipsformen (verschiedene Formen erhältlich)
- ✦ Feingips
- ✦ Spitzpinsel/Flachpinsel
- ✦ Acrylfarben
- ✦ Mixtion/Schlagmetall
- ✦ Schellack
- ✦ Patina
- ✦ Stahlwolle

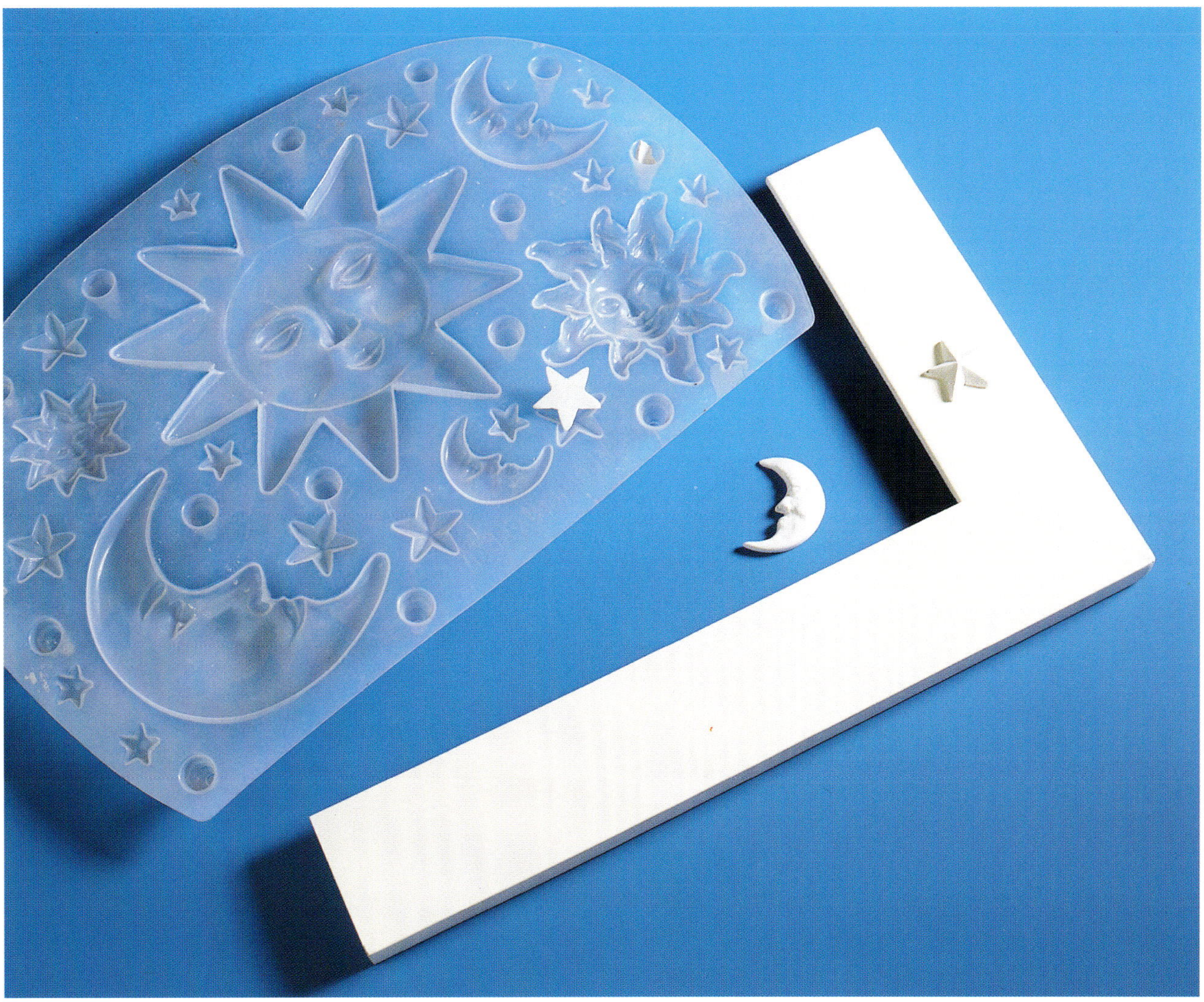

Um verschiedene Gipsverzierungen, die zur späteren Weiterverarbeitung gebraucht werden, anfertigen zu können, benötigt man handelsübliche Gipsgießformen. Diese werden mit Feingips, den man mit Wasser zu einer dickflüssigen Masse anrührt, ausgegossen.
Nachdem der Gips getrocknet ist, können die Verzierungen einfach ausgedrückt werden.

Anbringen der Verzierung

Die fertig gegossene Verzierung (zum Beispiel Halbmond, Sterne) werden mit einfachem Kaltleim auf den grundierten Bilderrahmen aufgeklebt.

Der Leim sollte dünn mit einem Spitzpinsel aufgetragen werden, damit keine Leimreste rausgedrückt werden. Nach einer Trocknungszeit von ca. einer Stunde sind die Verzierungen fest mit dem Untergrund verbunden.

Farbauftrag

Der Farbauftrag sollte möglichst dem Motiv des später eingerahmten Bildes angepasst werden. Acrylfarben eignen sich durch ihre leichte Verarbeitung (verdünnt mit Wasser) am besten zur Gestaltung der Oberfläche.
Die Acrylfarbe wird flächig am leichtesten mit einem weichen Flachpinsel aufgetragen. Ist die Acrylfarbe handtrocken, kann sie mit Schellack überzogen werden.

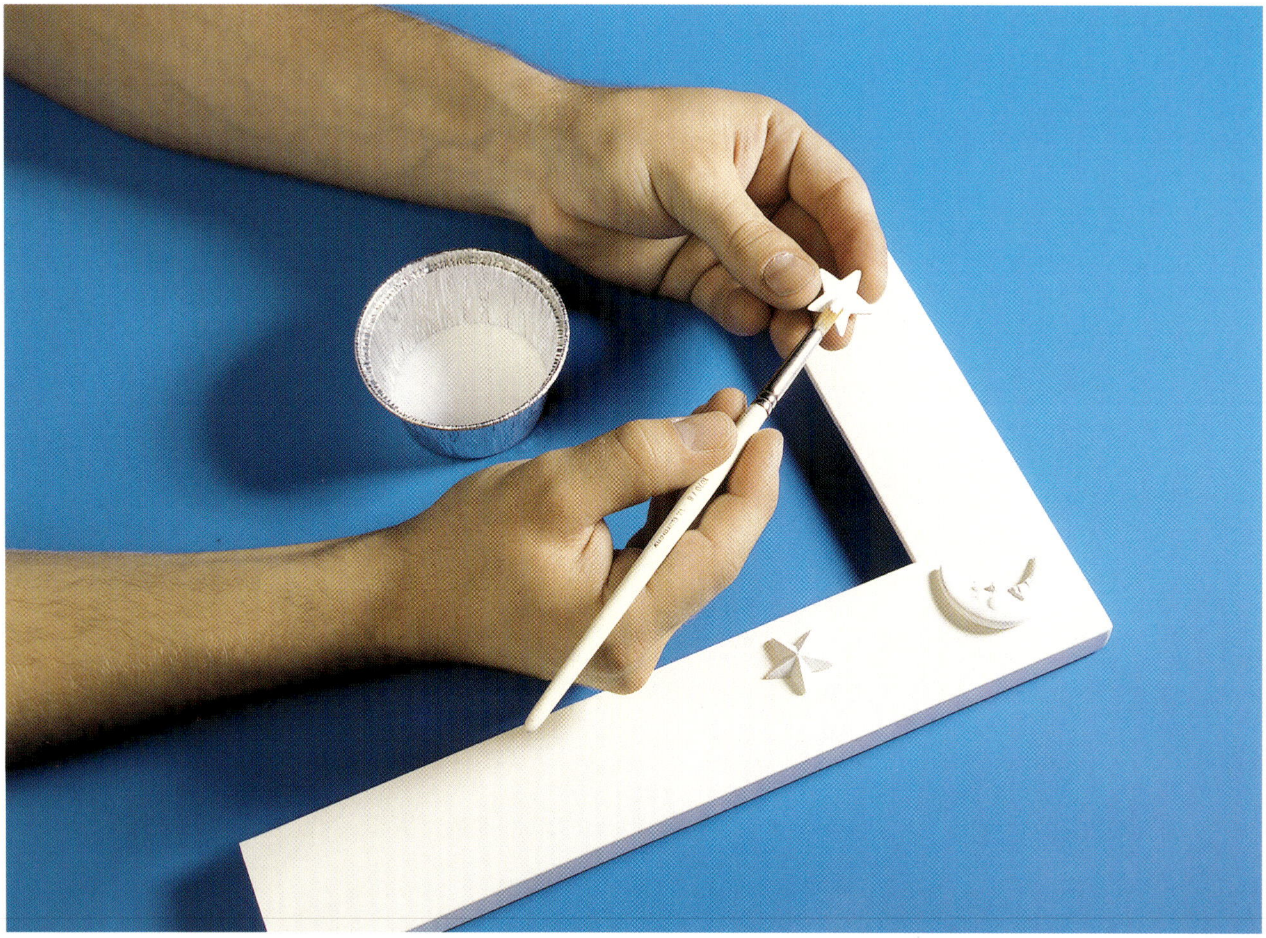

Designerrahmen „Clown" (de Jong)
Gipsformen wurden als Verzierung aufgesetzt und mit Schlagaluminium metallisiert. Als Finish wurde helle Patina und „Fliegendreck" aufgetragen.

Auch diesen Arbeitsgang führt man mit einem Flachpinsel aus.
Nach weiterer Trocknungszeit von etwa 3–4 Stunden können die Verzierungen mit Mixtion angelegt (siehe Seite 42) und nach Abtrocknung je nach Anlegeöl mit Schlagaluminium metallisiert werden.
Dabei ist zu beachten, dass man beim Anlegen nicht über die Verzierung kommt.
Ist das Schlagmetall mit einem weichen Lappen glattgerieben, können auch diese mit Schellack versiegelt werden (siehe Seite 46).

Fertige Verzierung

Als Unterlage des verzierten Rahmens sollte ein Leinentuch vor dem Einrahmen untergelegt werden, damit bei diesem Arbeitsschritt die Verzierungen nicht beschädigt werden.

Tipp: Um die Verzierungen farblich einfacher (silber/gold) zu gestalten, können statt der Metallisierung auch Silber- oder Goldlacke verwendet werden.

Werden die Acrylfarben zur Oberflächengestaltung etwas dicker aufgetragen, ist ein Übereck grundierter Rahmen nicht unbedingt nötig.
Zum Schluss gibt man der gesamten Oberfläche mit heller Patina das passende Finish. Die Patina wird mit einem Pinsel aufgestrichen und nach einer angemessenen Trockenzeit (je nach Patina) mit grober Stahlwolle lang abgeputzt.
Die Patina sollte zum Schluss streifig und nicht zu regelmäßig aussehen, so verleiht sie dem Rahmen ein interessantes Erscheinungsbild.

Rokokorahmen
Eckverzierungen wurden graviert und mit Schlagmessing metallisiert, als Abschluss wurde hellgrüne Patina aufgetragen.

Material-Register

Acrylfarbe:
Als Untergrund einer Ölvergoldung verwandt.

Blattgold:
Blattgold hat einen Goldgehalt von 12 bis 24 Karat und wird in verschiedenen Goldsorten, wie zum Beispiel Orangegold (23 Karat), Gelbgold (21 Karat), Citrongold (18 bis 20 Karat) und Weißgold (12 Karat) angeboten.

Destilliertes Wasser:
Chemisch gereinigtes Wasser.

Hasenleim:
Als Bindemittel zur Herstellung von Kreidegrund eingesetzt.

Kreide:
Zum Anmischen des Kreidegrunds verwandt.

Leim:
Zum Befestigen der Gipsverzierungen benötigt.

Mixtion:
Haftmittel, bei der Ölvergoldung eingesetzt.

Patina:
Dient dem Imitieren von Alters- und Gebrauchsspuren.

Poliment:
Die Grundsubstanz ist Bolus, eine natürlich vorkommende Farberde. Heute wird Bolus fabrikmäßig hergestellt und kommt als angeteigte Paste auf den Markt.

Schellack:
Tierisches Exkret asiatischer Schildläuse und nur in Alkohol (Spiritus) löslich.

Schlagmetall:
Überbegriff für sämtliche nicht gold- und silberhaltigen Blattmetalle.

Speisegelatine:
Bindemittel zur Herstellung des Poliments.

Spezialbenzin:
Zum Verdünnen beziehungsweise Anmischen der Mixtion herangezogen.

Werkzeug-Register

Abmessbecher:
Zum genauen Ermitteln der benötigten Menge eingesetzt.

Anschießer:
Sehr dünner Flachpinsel mit einem Besatz aus Dachshaar oder Kamelhaar.

Anschießpinsel:
Flach- oder Rundpinsel.

Bürste:
Zum Säubern der Anschießer.

Gießform:
Zur Herstellung von Verzierungen benötigt.

Graviereisen und Stichel:
Zum Anheben des Kreidegrundes, Gravierstichel zum Anritzen des Kreidegrundes.

Handschuhe:
Zum Schutz vor Flecken eingesetzt.

Holzbrettchen:
Zum Aufnehmen des Schlagmetalls und zum Reißen über der Kante herangezogen.

Holzmesser:
Zum Aufnehmen und leichten Festdrücken von Schlagmetall eingesetzt.

Pinsel:
Zum Einleimen der Gipsverzierungen benutzt.

Polierwatte:
Zur Herstellung von Lackierballen benötigt.

Polimentsieb:
Zum Sieben des fertig angemischten Poliments eingesetzt.

Schablone:
Zum Aufzeichnen von Verzierungen herangezogen.

Schleifpapier:
Zum Schleifen des Kreidegrunds eingesetzt.

Stahlwolle:
Zum Abziehen der fertig polimentierten Oberfläche verwandt.

Vergolderkissen:
Mit Leder bespanntes und leicht gepolstertes Holzbrettchen.

Vergoldermesser:
Messer mit doppelseitiger Schneide, dient der Entnahme und dem Schneiden von Blattgold.

Vergolderpolierstein:
Achat, der in einer Metallzwinge gefasst ist und mit einem Rundholzgriff versehen ist.

Viskosebecher:
Zum Ermitteln der Fließgeschwindigkeit des Kreidegrundes benötigt.

Weiches Tuch:
Zum Glattreiben des Schlagmetalls eingesetzt.

Galerie

Designerrahmen „Kraniche" und „Dolls" von Brühler

Bei den vorliegenden Designerrahmen wurde ein Holzrahmen über Eck grundiert und geschliffen, danach mit schwarzer Acrylfarbe bestrichen und lackiert. Die später zu metallisierenden Ecken wurden anschließend mit schwarzen Acrylfarbstrichen abgetrennt und farbig dem Bild angepasst.

Danach wurden verschiedene Elemente aus dem Bildmotiv entnommen und in die abgetrennten Ecken übertragen. Passende Acrylfarben dienten zur farbigen Gestaltung der Motivelemente. Nach einer angemessenen Trockenzeit wurde der komplette Bilderrahmen mit Schellack lackiert. Die abgetrennten Ecken wurden danach mit Mixtion eingestrichen und mit Schlagmessing (Schlagmetall) metallisiert. Nachdem das Metall mit einem weichen Tuch glattgerieben wurde, wurde mit grober Stahlwolle die metallisierte Oberfläche (besonders die entnommenen Bildelemente) stark durchgerieben. Zum Schluss wurde Schellack zum Versiegeln verwendet.

Designerrahmen „Skiunterricht" von Miro

Ein Rohholzrahmen wurde über Eck grundiert und geschliffen, danach mit schwarzer Acrylfarbe lackiert. Verschiedene Elemente wurden im Anschluss aus dem Bildmotiv entnommen und als Eckverzierungen übertragen. Danach wurden die aufgezeichneten Motive mit einem Gravierer aus dem grundierten Untergrund gehoben und die Elemente mit verschiedenen Acrylfarben dem Bildmotiv angepasst. Nachdem die Ecken mit Mixtion angelegt und mit Schlagaluminium (Schlagmetall) metallisiert wurden, wurde das Metall mit Stahlwolle durchgerieben und mit Schellack versiegelt. Als „Finish" diente helle Patina, die mit grober Stahlwolle streifig abgeputzt wurde.

Gerahmter Spiegel „Charly Chaplin“
Beide Leisten (flache Einlage und schmaler Außenrahmen) wurden grundiert und geschliffen. Danach wurden die Leisten mit einem schwarzen Hintergrund (Acrylfarbe) versehen und lackiert. Die glatte Oberfläche wurde mit Mixtion (Anlageöl) bestrichen und mit Echtsilber metallisiert. Um eine unregelmäßige Farbgebung des Metalls zu erreichen, wurde es mit Ätzmittel eingestrichen und danach mit einer Schellackschicht versiegelt.

Besteck (Silbergabel)
Eine angelaufene Echtsilbergabel wurde von Schmutz und Fett gereinigt und mit Schellack lackiert. Danach wurde die Gabel mit Mixtion (Anlageöl) bestrichen und mit Echtsilberblättern belegt. Nach dem Metallisieren wurden die Silberblätter mit einem weichen Tuch glattgestrichen und zur Versiegelung mit einer Schicht Schellack überzogen.

ENGLISCH VERLAG

Bücher für Kreative

ISBN 3-8241-0696-5
Hardcover, 64 Seiten

ISBN 3-8241-0590-X
Hardcover, 64 Seiten

ISBN 3-8241-0632-9
Hardcover, 64 Seiten

ISBN 3-8241-0597-7
Hardcover, 64 Seiten

ISBN 3-8241-0570-5
Hardcover, 64 Seiten

ISBN 3-8241-0669-8
Hardcover, 64 Seiten

Lust auf Mehr?

Liebe Leserin, lieber Leser,

natürlich haben wir noch viele andere Bücher im Programm. Gerne senden wir Ihnen unser Gesamtverzeichnis zu. Auch auf Ihre Anregungen und Vorschläge sind wir gespannt. Rufen Sie uns einfach an oder schreiben Sie uns.

F. Englisch GmbH & Co Verlags-KG
Postfach 2309 · 65013 Wiesbaden
Telefon 06 11/9 42 72-0 · Telefax 06 11/41 06 65

Bücher für Kreative

ENGLISCH VERLAG

ISBN 3-8241-0774-0
Hardcover, 64 Seiten

ISBN 3-8241-0750-3
Hardcover, 64 Seiten

ISBN 3-8241-0593-4
Hardcover, 64 Seiten

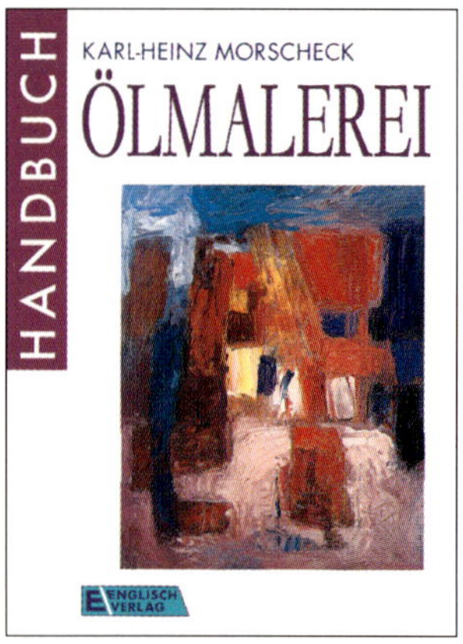

ISBN 3-8241-0533-0
Hardcover, 144 Seiten

ISBN 3-8241-0486-5
Hardcover, 144 Seiten

ISBN 3-8241-0634-5
Hardcover, 64 Seiten

Lust auf Mehr?

Liebe Leserin, lieber Leser,

natürlich haben wir noch viele andere Bücher im Programm. Gerne senden wir Ihnen unser Gesamtverzeichnis zu. Auch auf Ihre Anregungen und Vorschläge sind wir gespannt. Rufen Sie uns einfach an oder schreiben Sie uns.

F. Englisch GmbH & Co Verlags-KG
Postfach 2309 · 65013 Wiesbaden
Telefon 06 11/9 42 72-0 · Telefax 06 11/41 06 65